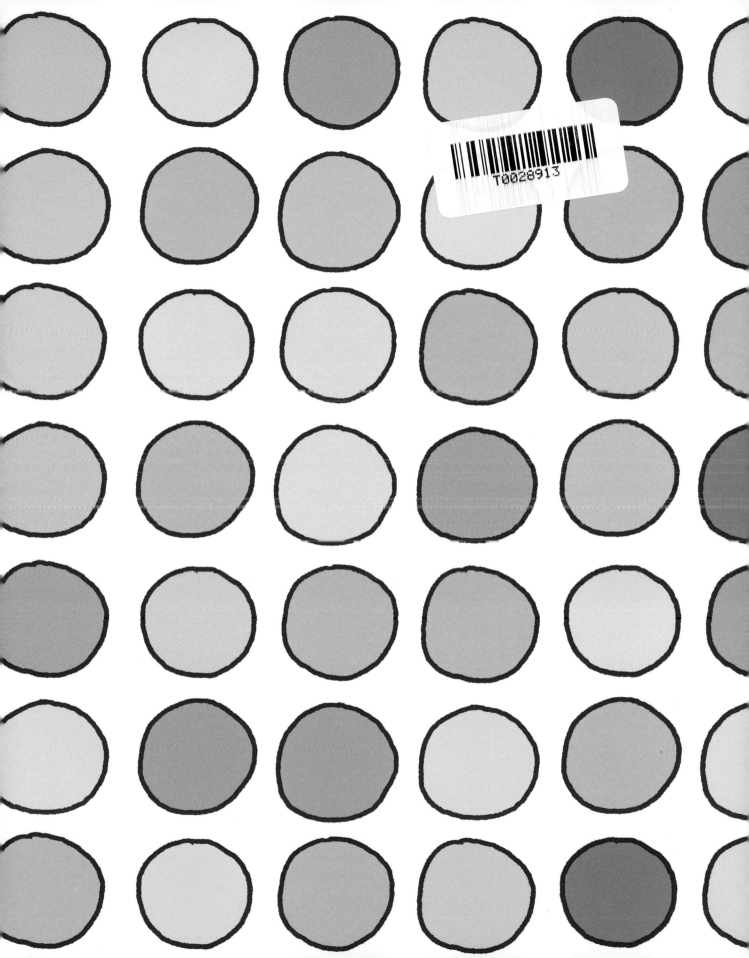

Para Anne Schwartz.
Y en memoria de RBG.

Consulta estas organizaciones para obtener más información:

Ministerio de Igualdad: educacionyfp.gob.es/mc/igualdad
Confederación Nacional de Mujeres en Igualdad: mujeresenigualdad.com
Asociación de familias por la diversidad: familiasporladiversidad.com
Asociación de familias LGTBI: galehi.org
Federación Estatal LGTBI+: felgtb.org
Asociación de familias de Infancia y Juventud Trans: chrysallis.org & asociacionarelas.org

ÉGALITÈ

El rosa, el azul y tú
Colección Egalité

© del texto: Elise Gravel & Mykaell Blais, 2022
© de las ilustraciones: Elise Gravel, 2022
© de la edición: NubeOcho, 2023
© de la traducción: Ude AutumnLeaf y Luis Amavisca, 2023
www.nubeocho.com · info@nubeocho.com

Título original: *Pink, Blue and You!*

Primera edición: Abril, 2023
ISBN: 978-84-19607-26-3
Depósito Legal: M-3156-2023

Impreso en Bosnia-Herzegovina.

EL ROSA, EL AZUL Y TÚ

Respuestas para peques
sobre estereotipos de género

Escrito e ilustrado por
ELISE GRAVEL
con Mykaell Blais

nubeOCHO

Mira estas imágenes. ¿Son algunas para niñas? ¿Para niños? ¿Para todo el mundo?

Cosas rosas

Cosas azules

Fútbol

Ciencia

Bebés

Ballet

Pelo corto

Pelo largo

Videojuegos

Monopatines

Princesas

Dinosaurios

Unicornios

Maquillaje

Bloques de construcción

Muñecas

Camiones

Libros

Flores

Lucha libre

Chistes de pedos

Cocinar

¿Necesitamos seguir estas normas?
¿Qué pasa si no queremos?

¿Alguna vez has oído frases como estas?

Los chicos son fuertes.

Las chicas son guapas.

Los chicos no lloran.

Las chicas son más obedientes.

A los chicos les gusta pelear.

Las chicas juegan con muñecas.

Los chicos hacen deporte.

Las chicas son cariñosas.

Los chicos llevan pantalones.

Las chicas llevan falda.

Estas afirmaciones, ¿son siempre VERDAD?

¿Crees que cualquiera debería poder llorar, jugar con muñecas o hacer deporte si quiere?

Seguir ciertas "normas" puede hacer que nos sintamos mal.

¿Deberíamos sentirnos mal por hacer lo que nos gusta?

Pero ¿qué significa ser una

NIÑA

o un

NIÑO?

¿Tenemos que ser una cosa o la otra?

¿O podemos ser

AMBAS cosas a la vez,

o NINGUNA?

Cuando nacemos, nuestros cuerpos tienen pequeñas diferencias. Eso es nuestro

SEXO.

Los adultos nos llaman NIÑA o NIÑO.

Los científicos nos denominan
HEMBRA o MACHO.

Algunos de nosotros nacemos en cuerpos
que no son del todo femeninos o masculinos.
Los científicos nos denominan INTERSEXUALES.

En realidad, descubrir quiénes somos realmente es mucho más complicado que el uso de estas palabras.

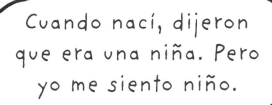

Cuando nací, dijeron que era una niña. Pero yo me siento niño.

No me siento niña ni niño. Solo quiero ser YO.

Me siento como chica y chico al mismo tiempo.

Cuando nací dijeron que era un niño y yo sí me siento niño.

A veces me siento niño y a veces me siento niña.

Lo que sentimos por dentro es nuestra

IDENTIDAD DE GÉNERO.

¿Cómo describirías tu género?

A todo el mundo le importa su identidad de género. Para respetar a los demás, debemos llamarlos como les gusta que los llamen.

Cuando hables de mí me gustaría que usaras el pronombre **ÉL.**

Prefiero la palabra **ELLA.**

La palabra que mejor me define es **ELLE.**

Las palabras cortas
como ÉL, ELLA y ELLE se llaman

PRONOMBRES.

También hay otros pronombres.
¿Cuál prefieres que la gente use cuando habla de ti?

No importa quiénes seamos, cómo seamos,
cómo nos sintamos, cómo nos vistamos ni cómo
sean nuestros cuerpos; TODOS merecemos amor,
protección y respeto.

Lamentablemente, no todo el mundo piensa así.
Hay quienes creen que no todas las personas
deberían tener los mismos derechos.

A lo largo de la historia ha habido leyes y normas que decían a la gente cómo tenían que comportarse. A las mujeres se les dijo que no podían:

Llevar pantalones

Pilotar aviones

Correr una maratón

Votar

A los hombres se les ha dicho que no podían:

Cuidar de bebés

Tener miedo o estar tristes

Ser enfermero o azafato

Limpiar la casa

¿Crees que estas normas son justas?

Algunos gobiernos incluso han creado leyes para decir a la gente de quién se pueden enamorar.

¿No piensas que todo
el mundo debería poder

AMAR A QUIEN QUIERA?

Algunas leyes han querido impedir que los hombres que aman a hombres y las mujeres que aman a mujeres se casen o tengan hijos. La realidad es que hay muchísimas maneras de formar una maravillosa

FAMILIA.

¿Cómo es tu familia?

También se desanima a los hombres a ejercer profesiones relacionadas con los cuidados. La mayoría son mujeres: profesoras, trabajadoras sociales o enfermeras.

Las personas con otras identidades de género tampoco reciben el mismo trato.

Pero ha habido otras personas valientes que han seguido sus sueños a pesar de lo que pensaran de ellas.

EDWARD T. LYON fue el primer enfermero hombre en el ejército de Estados Unidos.

CARLOS BATURI Y EMILIO MENÉNDEZ fueron la primera pareja de hombres que se casaron en España.

Cuando era pequeña, a **SARAH McBRIDE** la llamaban chico. Fue elegida senadora en Delaware, Estados Unidos, en 2020.

VALENTINA TERESHKOVA fue la primera mujer en el espacio.

WE'WHA fue una mexicana zuní cuyo sexo era masculino pero vivió como "berdache" o "dos espíritus", un tercer género de algunas culturas.

MALALA YOUSAFZAI luchó para que las chicas de su país pudiesen ir a la escuela.

¿Conoces a alguien que haya seguido sus sueños?

La buena noticia es que el mundo está cambiando.
Ahora es más fácil ser quien realmente eres, y podemos
encontrar amigos y aliados que nos apoyan.

¿Puedes imaginar lo libres
que podríamos sentirnos si las cosas
cambiaran más en el futuro?

¿No sería genial un mundo
donde pudiésemos vivir

LIBREMENTE?

CURIOSIDADES

SOBRE GÉNERO Y ROPA

Hace ciento cincuenta años todos los niños llevaban el pelo largo y vestidos blancos. Esta es una foto de Franklin Delano Roosevelt, un presidente de los Estados Unidos, cuando tenía cuatro años.

Hace cien años las revistas de moda decían que el rosa era para los chicos y el azul para las chicas.

Mundu indio **Kilt Celta** **Sarong de Sri Lanka**

En muchos países es normal que los hombres lleven falda.

En **Star Trek,** una popular serie de televisión, miembros masculinos y femeninos de la tripulación llevan un vestido llamado *skant.* Es una mezcla de falda y pantalón.

En Persia, los hombres llevaban zapatos de tacón para montar más fácilmente a caballo, parecer más altos y disparar flechas.